AF383952

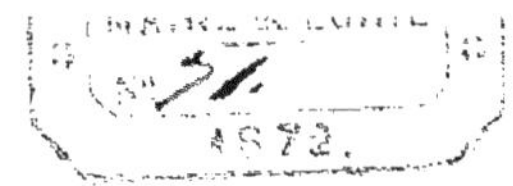

ÉTATS DE SERVICES

DE LA

Maison Royale de Bourbon.

Nous n'avons pas prétendu faire ici une œuvre de parti, ni même un travail généalogique, mais seulement dresser une notice des services rendus au pays par les princes de la maison royale de France, depuis le commencement du xvie siècle. Nous n'avons pas voulu remonter plus haut, afin de limiter ce travail aux princes de la maison de France actuellement subsistante, à l'exclusion toutefois de ceux qui sont aujourd'hui vivants. Nous commencerons donc seulement à Charles de Bourbon-Vendôme, père du roi de Navarre et du prince de Condé, et aïeul d'Henri IV.

Durant ces trois siècles et demi, la royale maison de France a eu douze de ses membres tués ou blessés sur les champs de bataille ; sans parler du grand Condé, deux ont remporté des victoires, à Cerisoles et à Nerwinde, vingt ont commandé en chef des armées, dix-sept ont servi avec éclat comme généraux ou amiraux.

Nous ne nous occupons pas ici des branches de la maison de Bourbon transplantées en Espagne, à Parme ou dans les Deux-Siciles.

J'ajouterai que pendant cette même période de temps, la royale maison de Bourbon a ajouté au territoire de la France :

Les Trois Évêchés et Calais sous François Ier et Henri II (Traité de Cateau-Cambrésis, 1559).

Le Bugey et la Bresse, et le Valromey, sous Henri IV (Traité de Lyon, 1607).

La principauté de Sedan, 1621.

L'Alsace, l'Artois, le Roussillon, sous Louis XIII et Louis XIV (Traités de Westphalie et des Pyrénées, 1648-1659).

La Flandre (Traité d'Aix, 1668).

La Franche-Comté, le Cambrésis et le Hainaut (Traité de Nimègue, 1679).

La Lorraine, suivant le traité de Vienne, 1735-1738.

La Corse, 1768.
Le Comtat, 1791.
L'Algérie, 1830.

Il m'a semblé que ces notes ne seraient pas inutiles à présenter au public et pourraient apprendre des faits à quelques-uns, et rectifier plus d'une erreur pour quelques autres.

***

I. Vendôme royal.

I. Charles de Bourbon [1], duc de Vendôme, né le 2 juin 1489, était fils de François, comte de Vendôme, et de Marie de Luxembourg, fille d'une princesse de Savoie. Le roi le créa duc et pair par lettres du mois de février 1515. Ce fut un vaillant homme de guerre qui demeura fidèle à la monarchie malgré la révolte du connétable de Bourbon, chef de sa maison : il eut un cheval blessé à coups de pique à la bataille de Marignan et il chassa, en 1518, les Impériaux de la Picardie dont il avait le gouvernement; il les battit encore devant Péronne, en 1536. Mort à Amiens, le 25 mars 1537. Il épousa le 18 mai 1513, Françoise, fille de René de Valois, duc d'Alençon, et de Marguerite de Lorraine, veuve du duc de Longueville, depuis créée duchesse de Beaumont par lettres du mois de septembre 1543. Morte le 14 mars 1550.

De ce mariage naquirent sept fils et six filles dont quatre moururent en bas âge :

1. Antoine qui suit ;

2. François, comte d'Enghien, né le 29 septembre 1519. Il suivit les traces de son père et montra une grande vaillance ; il prit Nice d'assaut en 1543, gagna, le 14 avril 1544, la bataille de Cerizoles. Nommé en récompense gouverneur du Languedoc, il fut tué par accident à la Roche-Guyon, le 23 février 1545, dans un siége simulé par la jeune noblesse de la cour ;

3. Charles, cardinal-archevêque de Rouen, né le 22 décembre

---

[1] Issu directement de mâle en mâle de Robert, comte de Clermont en Beauvoisis, sixième fils de saint Louis et de Béatrix de Bourbon. Cette souche forma, avant Charles de Bourbon-Vendôme, les branches de Montpensier, de Busset, de Préaux, de Carency, de la Roche-sur-Yon, de la Marche.

1523 ; proclamé en 1587, roi par les ligueurs sous le nom de Charles X. Henri III le fit enfermer à Fontenay-le-Comte, d'où il écrivit à Henri IV pour lui faire sa soumission. Mort le 9 mai 1590,

4. Jean, comte Soissons, puis duc d'Enghien, se distingua pendant le siége de Metz par les impériaux. Tué à la bataille de Saint-Quentin, le 10 août 1557, sans hoir de Marie de Bourbon, duchesse d'Estouteville, remariée au duc de Nevers ;

5. Louis, auteur de la branche de Condé ;

6. Marie, née le 29 octobre 1515, fiancée à Jean V, roi d'Écosse, morte avant le mariage à la Fère, le 28 septembre 1538 ;

7. Marguerite, née le 26 octobre 1516, mariée le 20 octobre 1539 à François de Clèves, duc de Nevers ;

8. Madeleine, née le 3 février 1521, abbesse de Sainte-Croix de Poitiers ;

9. Catherine, née le 18 septembre 1525, abbesse de Notre-Dame de Soissons ;

10. Renée, née le 9 février 1527, abbesse de Chelles ;

11. Éléonore, née le 18 janvier 1532, abbesse de Fontevrault.

II. Antoine de Bourbon, né le 22 avril 1518, duc de Vendôme, gouverneur de Picardie après son père, commanda en chef l'armée sur cette frontière et battit les Anglo-Allemands, en 1544, à Lille, à Bapaume et à Montreuil. Par son mariage avec Jeanne d'Albret, fille unique de Henri II, roi de Navarre, et de Catherine de Valois, célébré le 20 octobre 1548 à Moulins, il devint héritier de ce royaume. Il continua à servir en France : il fit les campagnes de Hainaut, de Flandre, d'Allemagne, prit Hédin et battit le comte de Rœux à Térouanne. Il succéda à son beau-père en 1555 et échangea le gouvernement de Picardie contre celui de Guyenne. Il fut ensuite mêlé aux troubles civils, et malgré l'indécision de son caractère il se prononça en faveur des Guises, après les avoir combattus comme lieutenant-général du royaume pendant la minorité de Charles IX. En 1562, il reprit Bourges sur les Réformés pour le roi, et fut blessé le 16 octobre au siége de Rouen : il mourut de sa blessure le 17 novembre suivant, aux Andelys. L'historien de Thou en fait un grand éloge pour sa bravoure et pour ses qualités militaires.

Antoine de Bourbon, dont la veuve régna en Navarre jusqu'au

jour de sa mort arrivée le 9 juin 1572, et dont on connaît la rare vertu , laissa, outre deux fils morts au berceau :

1. Henri qui suit ;

2. Catherine, née le 7 février 1558, mariée le 30 janvier 1599 à Henri de Lorraine, duc de Bar, après les péripéties les plus romanesques. Morte sans postérité, le 13 février 1604.

III. Henri de Bourbon-Vendôme, roi de Navarre, prince de Béarn , né le 13 décembre 1553 au château de Pau , roi de France le 2 août 1589, assassiné le 14 mai 1610.

Il avait épousé, le 18 août 1572, Marguerite de Valois, fille de Henri II, roi de France ; ayant divorcé par bref du Pape du 17 décembre 1599, il se remaria le 27 décembre 1600 avec Marie de Médicis, fille de François, grand-duc de Toscane, et de Jeanne d'Autriche, morte à Cologne le 3 juillet 1642. Henri IV n'eut d'enfants que de cette seconde union :

1. Louis qui suit ;

2. Gaston-Jean-Baptiste, né le 25 avril 1608, duc d'Anjou, puis d'Orléans et de Chartres, comte-pair de Blois, marié le 16 avril 1620 à Marie de Bourbon, fille unique du duc de Montpensier, morte le 4 juin 1627, en couches ; il se remaria le 31 janvier 1632, malgré le roi, avec Marguerite, fille du duc de Lorraine, morte le 3 avril 1672. Le duc d'Orléans fut lieutenant général de France sous la régence et commanda en chef l'armée de Flandre en 1644-1645. Il mourut à Blois, après avoir eu une attitude douteuse pendant les troubles civils, le 2 février 1660, laissant du premier lit :

A. Anne-Marie-Renée, née le 24 mai 1627, célèbre sous le nom de mademoiselle de Montpensier, ou la Grande-Mademoiselle, princesse de Dombes, morte le 5 avril 1693.

Du second lit :

B. Marguerite-Louise, née le 28 juillet 1645. Mlle d'Orléans, mariée au grand-duc de Toscane, le 26 avril 1601, morte à Paris, le 17 septembre 1721 ;

C. Élisabeth, née le 17 mars 1646, Mlle d'Alençon, mariée le 15 mai 1667 au duc de Guise, morte le 30 juillet 1671 ;

D. Françoise-Madeleine, née le 13 octobre 1648, Mlle de Valois, mariée le 4 mars 1663 au duc de Savoie , morte le 14 janvier 1664 ;

E et F. Le duc de Valois et Mlle de Chartres, morts au berceau.

3. Élisabeth, née le 22 novembre 1602, mariée à Philippe IV, roi d'Espagne, morte le 6 octobre 1644 ;

4. Christine, née le 10 février 1606, mariée en 1620 à Victor-Amédée, duc de Savoie, morte le 27 décembre 1663 ;

5. Henriette-Marie, née le 25 novembre 1609, mariée en 1625 à Charles Ier, roi d'Angleterre, morte à Paris le 10 septembre 1669.

IV. Louis XIII, roi de France et de Navarre, né le 27 septembre 1601, monté sur le trône le 14 mai 1610 sous la régence de sa mère, déclaré majeur le 20 octobre 1614, mort le 14 mai 1643. Il épousa le 18 octobre 1615, Anne d'Autriche, fille de Philippe III, roi d'Espagne, et de Marguerite d'Autriche, laquelle exerça la régence durant toute la minorité de son fils, et mourut au Louvre, le 2 janvier 1666.

De ce mariage :

1. Louis qui suit ;

2. Philippe, auteur de la seconde branche d'Orléans.

V. Louis XIV, roi de France et de Navarre, né le 5 septembre 1638, mort le 1er septembre 1715, ayant épousé le 4 juin 1660, Marie-Thérèse d'Autriche, fille unique de Philippe IV, roi d'Espagne, et d'Élisabeth de France, sa première femme, morte le 30 juillet 1683, laissant une grande réputation de piété, de charité et de bonté. De ce mariage, outre deux fils et trois filles morts au berceau :

1. Louis qui suit.

VI. Louis de France, dauphin, connu dans l'histoire sous le nom de Grand Dauphin, né le 1er novembre 1662, à Fontainebleau. A la cour, il portait le titre de Monseigneur. Très-soigneusement élevé par le duc de Montausier et par Bossuet, il en profita peu. Il évitait le monde et montrait d'ordinaire une humeur maussade. Ce prince commença à servir à l'âge de 13 ans au siége de Dôle. En 1688, il commanda, guidé par Duras et Vauban, l'armée du Rhin et y mérita l'amour des soldats par sa bravoure et sa générosité. Il continua pendant les campagnes de 1690 que signala le ravage du Palatinat, 1691, 1692, 1693 et 1694, avec la même supériorité. Mais il n'avait aucun goût pour le travail, ni pour la politique et il eut une place complétement effacée à la cour. Marié le

7 mars 1680 à Marie-Christine-Victoire, fille du duc de Bavière et d'Adélaïde-Henriette de Savoie, il la perdit le 20 avril 1690 et voulut peu après épouser une fille du duc de la Force. Le roi l'ayant mariée et forcée à quitter la cour, Monseigneur passa le reste de sa courte existence avec Mlle Joly de Chouin qu'il épousa secrètement. Cette alliance est devenue célèbre par l'influence que prit Mlle de Chouin. La petite vérole enleva ce prince à Meudon, le 14 avril 1711. Il laissait :

1. Louis quit suit ;

2. Philippe, né le 19 décembre 1683, duc d'Anjou, puis roi d'Espagne, le 16 novembre 1700 ;

3. Charles, né le 31 août 1686, duc de Berry, d'Alençon et d'Angoulême, titré duc de Berry, substitué au trône d'Espagne par le testament du roi Charles II au cas où son frère mourrait sans postérité. C'était un prince aimable et timide qui ne joua aucun rôle et mourut d'ailleurs dès le 4 mai 1714. Il avait épousé, le 6 juillet 1710, Marie-Louise-Élisabeth, fille du duc d'Orléans, morte le 21 juillet 1719. Elle n'eut que trois enfants morts en naissant.

VII. Louis de France, né le 6 août 1682, duc de Bourgogne, puis Dauphin. Il reçut en 1701 le commandement de l'armée d'Allemagne, de celle de Flandre l'année suivante, de celle du Rhin en 1703 où il prit Brisach, et de nouveau celle de Flandre en 1708. C'était un prince doué de sérieuses qualités, ayant su vaincre un caractère violent, cruel même, passionné, et étant devenu calme, pieux et très-laborieux. Il avait un plan de réforme radicale à introduire dans le gouvernement et donnait sérieusement les plus légitimes espérances. Marié, le 7 décembre 1697, à Marie-Adélaïde de Savoie, fille du duc de Savoie et d'Anne-Marie d'Orléans, princesse douée aussi de qualités solides et brillantes, il la perdit le 12 février 1712 et mourut six jours après, le 18 février. Son fils Louis, titré duc de Bretagne, fut emporté le 8 mars suivant, à l'âge de cinq ans. Il ne laissa qu'un seul enfant qui suit :

VIII. Louis XV, roi de France et de Navarre, né le 15 février 1710, mort le 10 mai 1774.

Il épousa le 5 septembre 1725, Marie Leczinska, fille du roi de Pologne et de Catherine, comtesse Opalinska, morte le 24 juin 1768, laissant, outre un fils et une fille morts en bas-âge :

1. Louis qui suit ;

2. Louise-Élisabeth, née le 14 août 1727, Madame, mariée le 26 août 1739, à l'infant Philippe, duc de Parme, morte le 6 décembre 1759 ;

3. Anne-Henriette, née le 14 août 1727, madame Henriette, morte le 6 février 1752 ;

4. Marie-Adélaïde, née le 23 mars 1732, madame Adélaïde, morte le 18 février 1800 ;

5. Marie-Louise-Thérèse-Victoire, née le 11 mai 1733, madame Victoire, morte le 7 juin 1799 ;

6. Sophie-Philippine-Élisabeth-Justine, née le 27 juillet 1734, madame Sophie, morte le 3 mars 1782 ;

7. Marie-Thérèse-Félicité, née le 6 mai 1736, madame Sixième, morte le 27 septembre 1744 ;

8. Louise-Marie, née le 15 juillet 1737, carmélite, morte le 23 décembre 1787.

IX. Louis de France, dauphin, né le 4 septembre 1729. C'était encore un prince des plus heureusement doués. Il montra sa bravoure à Fontenoy, mais Mme de Pompadour le fit toujours tenir en dehors des affaires et éloigna la cour de lui. Il souffrait de cette situation et cherchait des occupations dans le travail et les exercices d'une piété éclairée. Il mourut le 20 décembre 1765, ayant épousé : 1° le 25 février 1745, Marie-Thérèse, fille de Philippe V, roi d'Espagne, et de Elisabeth Farnèse, morte le 22 juillet 1746 ; 2° le 9 février 1747, Marie-Josèphe de Saxe, fille du roi de Pologne, morte le 13 mars 1767 à Versailles.

Du premier lit naquit une fille morte au berceau ;

Et du second :

1. Louis-Joseph-Xavier, duc de Bourgogne, né le 13 septembre 1751, mort le 22 mars 1761 ;

2. Xavier-Marie-Joseph, duc d'Aquitaine, né le 8 septembre 1753, mort le 22 février 1754 ;

3. Louis qui suit ;

4. Louis-Stanislas-François-Xavier, comte de Provence, né le 17 novembre 1755, Monsieur, puis Louis XVIII, qui suivra ;

5. Charles-Philippe, né le 9 octobre 1757, comte d'Artois, puis Monsieur, puis Charles X, qui suivra ;

6. Marie–Zéphirine, Madame, née le 26 août 1750, morte le 2 septembre 1755 ;

7. Marie-Adélaïde-Clotilde-Xavière, née le 23 septembre 1759, mariée le 21 août 1775 à Charles-Emmanuel, prince de Piémont, puis roi de Sardaigne, morte sans enfants en 1799 ;

8. Élisabeth-Philippe-Marie-Hélène, née le 3 mai 1764, morte sur l'échafaud révolutionnaire le 10 mai 1794. Son nom suffit sans qu'il y ait à citer un seul détail de sa biographie digne d'une martyre.

X. Louis XVI, né le 23 août 1754, duc de Berry, puis dauphin, roi de France et de Navarre le 10 mai 1774, mort sur l'échafaud révolutionnaire le 21 janvier 1793. Il avait épousé le 16 juin 1770, Marie-Antoinette-Jeanne-Joséphine, archiduchesse d'Autriche, fille de l'impératrice Marie-Thérèse et de François de Lorraine, née le 2 novembre 1755, morte sur l'échafaud révolutionnaire le 16 octobre 1794, ayant eu pour enfants :

1. Marie-Thérèse-Charlotte, née le 19 décembre 1778, Madame. Son histoire pendant la période révolutionnaire et au Temple est connue. Echangée le 26 décembre 1795 contre quatre conventionnels prisonniers, elle demeura à Vienne jusqu'à son mariage contracté le 10 juin 1799 avec le duc d'Angoulême, fils du comte d'Artois. Elle rentra en France au mois de février 1814 et montra dans le Midi une grande énergie et une admirable dignité. Son rôle fut encore plus héroïque pendant les Cent-Jours. Elle dut cependant repasser en Espagne pendant quelques semaines. Elle occupa une position considérable depuis, à la cour, où son passé lui attribuait une légitime supériorité. Elle n'en profita que pour faire du bien. La révolution de Juillet fit reprendre à Mme la duchesse d'Angoulême le chemin de l'exil. Elle demeura en Angleterre jusqu'en 1832 où la délicatesse de sa santé la força à venir habiter des climats plus tempérés. Elle se fixa avec son époux en Bohême ; elle y mourut au château de Frosdorf le 19 octobre 1851 ;

2. Louis-Joseph-Xavier-François, né le 22 octobre 1781, mort le 4 juin 1789 ;

3. Louis-Charles, qui suit ;

4. Marie-Sophie-Hélène-Béatrix, née le 9 juillet 1786, morte le 19 juin 1787.

XI. Louis XVII, né le 22 octobre 1781, duc de Normandie, puis dauphin, roi de France et de Navarre le 21 janvier 1793, mort dans la prison du Temple le 8 juin 1795.

X. Louis XVIII, né le 17 novembre 1755, comte de Provence, titré Monsieur, puis dauphin, roi de France et de Navarre au mois de juin 1795, mort à Paris le 16 septembre 1824, sans postérité de Marie-Joséphine-Lucie de Savoie, fille du roi de Sardaigne, qu'il avait épousée le 14 mai 1771, morte dès le 13 novembre 1810.

X. Charles X, né le 9 octobre 1757, comte d'Artois, puis Monsieur, puis dauphin, roi de France et de Navarre, il abdiqua le 2 août 1830, mort à Goritz, le 6 novembre 1836. Il avait épousé le 16 novembre 1773 Marie-Thérèse de Savoie, sœur cadette de Mme la comtesse de Provence, morte le 2 juin 1805, laissant :

1. Louis-Antoine, né le 6 août 1775, duc d'Angoulème, grand-prieur de France en 1776. Il émigra avec son père et acheva son éducation à Turin. Il épousa à Milan, en 1799, sa cousine fille de Louis XVI. Il rentra en France en 1814 et commanda dans le Midi. Pendant les Cent-Jours il fit preuve d'un grand courage et de sérieuses qualités militaires, mais il dut céder en présence des défections. Il commanda en chef l'armée d'Espagne et y conquit une véritable popularité. L'avénement de Charles X lui donna le titre de dauphin. Le 29 juillet 1830 il prit encore le commandement du petit nombre de troupes restées fidèles au pont de Sèvres, mais en vain. Il rejoignit alors son père et passa en Angleterre puis en Bohême : il mourut à Goritz ayant depuis porté le titre de comte de Marne, le 3 juin 1844, sans postérité.

2. Charles-Ferdinand, né le 24 janvier 1778, duc de Berry, Ayant émigré avec son frère, il servit dans l'armée de Condé puis en Russie. En 1801 il rejoignit sa famille en Angleterre [1]. Il rentra avec elle en France et fut assassiné à la sortie de l'Opéra par Louvel, le 13 février 1820. Ce prince avait épousé le 17 juin 1816 Caroline-Ferdinande-Louise de Bourbon, fille du roi des Deux-Siciles Ferdinand Ier, morte au mois d'avril 1870, ayant eu pour enfants :

[1] Le duc de Berry épousa, à Londres, miss Brown dont le mariage fut cassé comme non reconnu par le Roi, chef de la famille. Il en eut deux filles titrées par ordonnances royales, l'une comtesse d'Issoudun, mariée le 8 octobre 1828 au prince de Faucigny-Lucing, l'autre comtesse de Vierzon, mariée à M. le baron de Charette.

A. Henri-Charles-Ferdinand-Marie-Dieudonné qui suit ;

B. Louise-Marie-Thérèse, Mademoiselle, née le 21 septembre 1819, mariée le 10 novembre 1845 au duc de Parme, veuve le 27 mars 1854, morte à Venise le 1er février 1864, laissant pour enfants :

   A. Robert-Charles-Louis-Marie, duc de Parme, né le 9 juillet 1848 ;

   B. Marguerite-Marie-Thérèse-Henriette, née le 1er janvier 1847 ;

   C. Alice-Marie-Ferdinande-Caroline-Rachel-Jeanne-Philomène, née le 27 décembre 1849 ;

   D. Henri-Charles-Louis-Georges-Abraham-Paul, comte de Bardi, né le 12 février 1851.

Henri, duc de Bordeaux, chef de la maison royale de France, titré comte de Chambord, né le 29 septembre 1820, marié le 7 novembre 1846 à Marie-Thérèse-Gaëtane d'Autriche-Este, fille du duc de Modène, née le 14 juillet 1817.

II. Condé.

II. Louis de Bourbon — frère puiné d'Antoine de Bourbon, duc de Vendôme et roi de Navarre — né le 7 mai 1530, prince de Condé, marquis de Conty, comte d'Anizy, de Soissons et de Valery, pair de France. Il servit avec éclat toute sa vie : il assista au siége de Boulogne, à la défense de Metz, au combat d'Antibes (1553), au siége de Vulpian (1555) où il commanda la cavalerie légère, à la bataille de Saint-Quentin, aux siéges de Calais et de Thionville (1558). Arrêté par les Guises comme conspirant avec les protestants, il ne dut la vie qu'à la fin soudaine de François II, et il devint alors le chef du parti des Réformés en France. Admirablement brave quoique malheureux à la guerre, on sait comment il fut tué à la bataille de Jarnac, le 16 mai 1569. Il avait épousé : 1º le 22 juin 1551, Éléonore de Roye, fille unique du comte de Roucy et de Madeleine de Mailly, dame de Conti, morte le 23 juillet 1564 ; 2º le 8 novembre 1565, Françoise d'Orléans, fille du marquis de Rothelin, morte seulement le 11 juin 1601.

Du premier lit le prince de Condé eut trois fils et trois filles qui moururent au berceau et :

1. Henri qui suit ;

2. François, né le 19 août 1558, prince de Conti et de Château-Regnauld, chevalier des Ordres ; il servit avec dévouement Henri de Navarre qui lui donna les gouvernements d'Auvergne, de Paris et du Dauphiné. Il mourut le 3 août 1614, sans postérité ni de Jeanne de Coémé, fille du sire de Lucé et d'Anne de Pisseleu qu'il épousa en 1582 et perdit le 28 décembre 1600 ; ni de Louise de Lorraine, fille du duc de Guise avec laquelle il se remaria le 24 juillet 1605 et qui vécut jusqu'au 30 avril 1631.

3. Charles, né le 30 mars 1562, élevé à Rome avec le précédent, nommé en 1582 coadjuteur de son oncle au siége de Rouen, titulaire en 1590 et cardinal en 1593. Il nourrit un moment la pensée de se faire reconnaître roi par les catholiques contre Henri IV, mais il préféra se réconcilier avec lui et mourut le 30 juillet 1594.

Du second lit :

4. Charles, né le 3 novembre 1566, comte de Soissons, chevalier des Ordres en 1585. L'année suivante il quitta la cour pour s'attacher à Henri de Navarre, auquel il resta constamment et vaillamment fidèle et qui le créa successivement grand-maître de France, gouverneur de Dauphiné par démission de son frère, et de Normandie. Il prit trop facilement part aux troubles qui agitèrent le règne de Louis XIII et mourut le 1er mai 1622. Il avait épousé, le 27 décembre 1601, Anne de Montafié, fille du comte de Montafié et de Jeanne de Coëme-Lucé, morte le 17 juin 1644, laissant :

A. Louis, comte de Soissons, chevalier des Ordres, gouverneur de Normandie, grand-maître de France, né le 11 mai 1604. Il combattit pour le roi à la Rochelle, dans le Mantouan, à Yvry, à Corbies, puis trahit et fut tué dans les rangs ennemis à la Marfée, le 6 juillet 1641. Sans alliance ;

B. Marie, née en 1606, mariée en 1625 au prince de Carignan, morte le 2 juin 1692 ;

C. Louise, née en 1603, mariée en 1607 à Henri II, duc de Longueville, morte le 9 septembre 1697.

III. Henri Ier de Bourbon, né le 25 décembre 1552, duc d'Enghien, puis prince de Condé. Sa bravoure est connue. A la nuit de la

Saint-Barthélemy, Henri de Navarre lui sauva la vie et il demeura fidèle au parti protestant dont il était devenu le chef après son père. Il se conduisit en héros à Coutras et mourut peu après, le 5 mars 1588. Il avait épousé en 1572, Marie de Clèves, fille du duc de Nevers qui le laissa veuf le 30 octobre 1574. Il se remaria le 16 mars 1586 avec Catherine-Charlotte de la Trémoille, fille du duc de Thouars et de Jeanne de Montmorency, qui fut accusée d'avoir fait périr le prince et reconnue innocente après une dure captivité : elle mourut le 28 août 1629, ayant abjuré le protestantisme. Du premier lit :

1. Catherine, née en 1574, morte le 30 décembre 1595.

Du second lit :

2. Henri qui suit ;

3. Éléonore, née le 30 avril 1587, mariée en 1616 au prince d'Orange, morte le 20 février 1608.

IV. Henri II de Bourbon, né posthume, le 1ᵉʳ septembre 1588, prince de Condé, duc de Montmorency, puis d'Enghien. Il fut élevé à la cour de France dans la religion catholique ayant été considéré jusqu'à la naissance de Louis XIII comme l'héritier de la couronne. Il commanda avec succès dans la campagne contre les protestants du Languedoc en 1621, puis en Navarre et en Roussillon. Il était grand-maître de France, gouverneur de Bourgogne, de Bresse et de Berry. Chef des conseils de la régence en 1643, il administra avec une grande prudence et mourut le 26 décembre 1646. Il épousa, le 3 mars 1605, Charlotte-Marguerite de Montmorency, fille d'Henri, duc de Montmorency et d'Anne de Budos, et l'on sait quelles complications amena cet hymen, à cause de la passion de Henri IV pour cette princesse. Elle mourut le 2 décembre 1650, ayant eu :

1. Louis qui suit ;

2. Armand, auteur de la branche de Conti ;

3. Anne-Geneviève, née le 27 août 1619, mariée en 1642 au duc de Longueville et célèbre sous ce nom dans l'histoire de son temps. Morte le 15 avril 1679.

V. Louis de Bourbon, duc d'Enghien, prince de Condé, né le 8 septembre 1621 ; son histoire est suffisamment résumée par le surnom de *grand* que les contemporains lui ont décerné et que la postérité lui a consacré. Mort le 11 décembre 1686, ayant épousé en 1641,

Claire-Clémentine de Maillé-Brézé, duchesse de Frousac et de Caumont, fille du maréchal de Brézé et de Nicole de Richelieu, morte en avril 1694, ayant eu un fils et une fille morts au berceau et :

VI. Henri-Jules de Bourbon, né le 29 juillet 1643, duc d'Enghien, grand-maître de France, puis prince de Condé. Il commença à servir en 1667 et suivit les traces de son père : il eut une jambe cassée à Senef et devint lieutenant-général en 1675. Il mourut le 1er avril 1709, ayant épousé le 11 décembre 1663 Anne de Bavière, fille d'Edouard, prince palatin, et d'Anne de Gonzague-Nevers, morte le 23 février 1723, laissant outre cinq enfants morts au berceau :

1. Louis qui suit ;

2. Marie-Thérèse, née le 1er février 1666, mariée au prince de Conti, morte le 20 février 1732 ;

3. Anne-Marie-Victoire, née le 11 août 1675, Mlle de Condé, morte le 23 octobre 1700 ;

4. Louise-Bénédicte, née le 8 novembre 1676, Mlle d'Enghien, puis de Charolais, mariée au duc du Maine. On connaît le rôle qu'elle joua au point de vue littéraire et politique. Morte le 23 janvier 1753 ;

5. Marie-Anne, née le 24 février 1678, Mlle de Montmorency, puis d'Enghien, mariée le 14 mai 1710 au duc de Vendôme, morte le 22 avril 1718.

VII. Louis de Bourbon, né le 11 octobre 1668, duc d'Enghien, puis prince de Condé, grand-maître de France, gouverneur de Bourgogne, lieutenant général, l'un des plus vaillants des Condé. Il assista aux siéges de Philisbourg, de Mons, de Namur, chargea plusieurs fois à Steinkerque et eut l'honneur de décider la victoire à Nerwinde par sa bravoure personnelle. Il mourut le 4 mars 1710, ayant épousé le 24 juillet 1685, Louise-Françoise, Mlle de Nantes, légitimée de France, morte en 1743. Il eut :

1. Louis-Henri qui suit :

2. Charles, comte de Charolais, né le 19 juin 1700, gouverneur de Touraine. Il alla un moment faire la guerre en volontaire en Hongrie, mais passa sa vie oisif, débauché et cruel à la cour. Il mourut sans alliance le 21 juillet 1760 ;

3. Louis, comte de Clermont, né le 15 juin 1709, d'abord destiné aux ordres, abbé de Saint-Germain-des-Prés sans avoir jamais reçu la prêtrise. Il obtint en 1733 une dispense pour porter les armes et servit très bravement jusqu'à la paix de 1747, ayant commandé aux prises d'Ypres, de Furne et d'Anvers. Il se consacra ensuite à la littérature et malheureusement aussi à la débauche. Il reprit les armes en 1758 et finit tristement son rôle militaire à Crevelt. Il mourut le 16 juin 1771, sans alliance.

3. Marie-Gabrielle, née le 22 décembre 1690, abbesse de Saint-Antoine-lès-Paris, morte le 14 août 1760 ;

4. Louise-Élisabeth, née le 22 novembre 1693, Mlle de Charolais, puis de Bourbon, mariée en 1612 au prince de Conti, morte en 1775 ;

5. Louise-Anne, Mlle de Sens, puis de Charolais, née le 23 juin 1695. Morte sans alliance le 8 avril 1758 ;

6. Marie-Anne, Mlle de Clermont, née le 16 octobre 1697, morte le 15 septembre 1772 sans alliance, surintendante de la maison de la reine ;

7. Henriette-Louise-Marie, Mlle de Vermandois, née le 15 juin 1702, morte le 19 septembre 1772, abbesse de Beaumont-lès-Tours ;

8. Élisabeth-Alexandrine, Mlle de Gex, puis de Sens, née le 16 septembre 1705, morte sans alliance le 15 avril 1765.

VIII. Louis-Henri de Bourbon, né le 18 août 1692, duc de Bourbon puis prince de Condé, plus connu sous ce premier nom en qualité de premier ministre après la mort du régent, grand-maître de France, surintendant des postes, après l'avoir été de l'éducation du roi, chevalier de la Toison-d'Or, lieutenant-général après avoir fait les campagnes de 1712 et 1713 en Alsace. Mort le 27 janvier 1740, ayant épousé : 1º le 9 juillet 1713, Anne de Bourbon, fille du prince de Conti ; 2º le 20 juin 1728, Charlotte de Hesse-Rheinfels, fille du landgrave de Rothenbourg et d'Éléonore de Lœnwenstein.

Du second lit naquit un fils unique qui suit :

IX. Louis-Joseph de Bourbon, né le 9 août 1736, duc de Bourbon puis prince de Condé, pair, grand-maître de France. Ayant fait de fortes études militaires, il soutint dignement son nom. Il se signala en commandant à Hastembeck et à Johannisberg (30 octobre 1762). Il se créa à la paix la magnifique résidence de Chantilly où il vécut avec grandeur, protégeant les lettres et les arts. Il s'occupa aussi avec succès de son gouvernement de Bourgogne et prit une attitude de libéralisme éclairé à l'assemblée des notables. Il émigra et devint le chef des forces militaires de l'émigration qu'il dirigea avec courage et autant d'éclat que leur faible effectif le lui pouvait permettre. Après la paix de Campo-Formio, le prince de Condé se retira en Russie et continua à servir avec sa petite armée qui fut licenciée en 1800. Il se retira alors auprès de son fils en Angleterre et y demeura jusqu'à la Restauration. Il se réinstalla à Chantilly et au palais Bourbon où il mourut le 13 mai 1818.

Il avait épousé le 3 mai 1743, Charlotte-Godefride-Elisabeth de Rohan, fille du maréchal prince de Soubise, morte dès le 5 mars 1760, laissant :

1. Louis-Henri-Joseph qui suit ;

2. Louise-Adélaïde, Mlle de Condé, née le 5 octobre 1757, qui dut épouser le comte d'Artois, mais elle se sentit une insurmontable vocation religieuse et entra dans les ordres. Abbesse de Remiremont en 1786, elle émigra et fut successivement chassée des pieux abris choisis par elle en Piémont et en Suisse par les progrès des armées républicaines. Elle se décida enfin à prononcer ses vœux chez les bénédictines de lA'doration perpétuelle de Varsovie. A la mort de son neveu, elle rejoignit son père. La Restauration la ramena à Paris et elle y établit un monastère de son ordre au Temple. Elle y est morte le 10 mars 1824, laissant une mémoire justement vénérée.

X. Louis-Henri-Joseph de Bourbon, né le 13 avril 1756, duc de Bourbon, grand-maître de France par démission de son père. Il assista au siège de Gibraltar et y fut blessé ; il fit plus tard toutes les campagnes de l'armée dite de Condé et y fut encore blessé. Pendant les Cent-Jours il essaya vainement de diriger utilement le mouvement en Vendée. Il vécut depuis dans une somptueuse retraite et mourut le 27 août 1830, ayant épousé le 24 avril 1770, Louise-Marie-Thérèse-Bathilde, fille du duc d'Orléans et de Louise-Henriette de Bourbon-Conti. Cette princesse, dont le mariage avait été un roman, se sépara assez promptement du duc de Bourbon et se rendit célèbre par la pratique d'un mysticisme exalté. En rentrant en France, elle fonda à Paris un hôpital qu'elle dirigea elle-même. Elle y mourut le 10 janvier 1822, n'ayant eu qu'un fils :

XI. Louis-Antoine-Henri de Bourbon, né le 2 août 1772, duc d'Enghien, fusillé dans les fossés du château de Vincennes, le 21 mars 1804.

III. Conti.

V. Armand de Bourbon, né le 11 octobre 1625, second fils de Henri II de Bourbon, prince de Condé, titré prince de Conti, pair de France. D'abord destiné à la carrière ecclésiastique, il la quitta pour celle des armes en 1653. Après avoir pris parti contre la cour pendant les troubles de la régence, il se réconcilia et devint gouverneur de Guyenne, grand-maître de la maison du roi, commandeur en chef en Catalogne (1655), en Italie (1657), et finalement gouverneur du Languedoc. Il mourut à Pézenas, le 21 février 1666, ayant épousé, le 22 février 1654, Anne-Marie Martinozzi, nièce du cardinal Mazarin, morte le 4 février 1672, laissant :

1. Louis-Armand, né le 4 avril 1661, mort le 9 novembre 1685, après avoir fait avec distinction les campagnes du Luxembourg et de Hongrie, sans hoir de Anne-Marie de Bourbon, dite Mlle de Blois, légitimée de France, qu'il avait épousée le 2 octobre 1666, morte le 9 mai 1739 ;

2 François-Louis, qui suit.

VI. François-Louis de Bourbon-Condé, comte de la Marche, puis prince de la Roche-sur-Yon, enfin prince de Conti, né le 30 avril 1664 ; il fut un brillant officier qui prit part à toutes les campagnes : il se distingua particulièrement à Steinkerque où il eut deux chevaux tués sous lui et à Nerwinde, où il fut blessé en attaquant les retranchements à l'arme blanche. On voulut, en 1692, l'élire roi de Pologne, mais la tentative ne réussit pas, et il mourut à Paris, le 22 février 1709, laissant légitimement la réputation d'un des membres les plus éminents de la maison de Bourbon. Il avait épousé, le 29 juin 1688, Marie-Thérèse de Bourbon-Condé, morte le 22 février 1732, laissant, outre quatre enfants morts au berceau :

1. Louis-Armand, qui suit;

2. Marie-Anne, née le 18 avril 1689, Mademoiselle de Conti,

mariée le 9 février 1711, au duc de Bourbon, prince de Condé, morte sans postérité le 21 mars 1720 ;

3. Louise-Adélaïde, née le 2 novembre 1696, Mademoiselle de la Roche-sur-Yon, morte sans alliance le 20 novembre 1750.

VII. Louis-Armand de Bourbon-Condé, né le 10 novembre 1695, duc de Mercœur, comte d'Alais, titré comte de la Marche, puis prince de Conti. Il servit sous Villars en 1713 et 1714 sur les bords du Rhin : il commanda la cavalerie de Roussillon et de Navarre en 1719 : lieutenant-général, chevalier des Ordres, mort le 4 mai 1727, ayant épousé, le 9 juillet 1713, Louise-Elisabeth de Bourbon-Condé, morte en 1757 ; de ce mariage , outre le duc de Mercœur, les comtes d'Alais et de la Marche, morts au berceau :

1. Louis-François, qui suit ;

2. Louise-Henriette , née le 20 juin 1726, Mademoiselle de Conti, mariée le 17 décembre 1749 au duc d'Orléans , morte le 9 février 1759.

VIII. Louis-François de Bourbon-Condé, né le 13 août 1717, duc de Mercœur, prince de Conti, plus connu sous le titre de comte de la Marche, pair, gouverneur après son père du Poitou, chevalier des Ordres. Il servit avec éclat comme lieutenant-général en Bavière (1736), en Italie (1744) où il enleva le comté de Nice, Demonte et Coni par les efforts d'une bravoure incroyable : il y eut deux chevaux tués sous lui et sa cuirasse percée de plusieurs balles : il commanda l'armée d'Allemagne en 1745, celle de Flandre en 1746. Mais sa popularité déplut à Mme de Pompadour qui le fit alors disgracier. Il acheva sa vie dans une inaction dont il souffrait vivement, le 2 juillet 1776. Le 17 avril 1745, il fut élu grand prieur de France (ordre de Malte). Il avait épousé, le 22 janvier 1732, Louise-Diane d'Orléans , fille du Régent, morte dès le 26 septembre 1736, ne laissant qu'un fils qui suit ;

IX. Louis-François-Joseph de Bourbon-Condé, né le 1er septembre 1734, comte de la Marche, puis prince de Conti, gouverneur du Berry. Il fit la guerre de Sept ans et se distingua à Hastembeck et à Crevelt. Il suivit, malgré son père, le parti de la cour. Il émigra un des premiers, puis rentra dès 1790, prêta le serment civique et fut incarcéré à Marseille avec ses cousins d'Orléans. Mis en liberté en 1795, il revint dans sa terre de la Lande, jusqu'à ce que le Directoire l'expulsât en Espagne. Il mourut le 10 mars 1814, sans laisser de postérité de Fortunée Marie d'Este, qu'il avait épousée le 7 février 1759, morte le 21 septembre 1803. Il avait eu deux enfants qu'il reconnut et qui furent maintenus par le roi, suivant lettres patentes du 17 novembre 1815, dans leurs titres de marquis et chevalier de Bourbon-Conti. La veuve de ce dernier, décédé sans enfant, Mademoiselle de la Brousse de Vertillac, épousa en secondes noces M. de la Rochefoucauld, duc de Doudeauville.

IV. Orléans.

V. Philippe de Bourbon, second fils de Louis XIII, né le 21 septembre 1640, duc d'Anjou, puis d'Orléans, de Nemours, de Montpensier, de Valois et de Chartres. Il prit part à toutes les campagnes de son temps et commanda plusieurs fois avec distinction, notamment en Hollande (1673), à Maestricht, Saint-Omer, Bouchain, etc. Il mourut le 9 juin 1701. Il avait épousé : 1° Le 21 mars 1661 Henriette-Anne d'Angleterre, fille du roi Charles Ier, morte le 30 juin 1670 ; 2° le 21 novembre 1671, Charlotte-Elisabeth de Bavière, fille de l'Electeur Palatin, très-connu par sa *Correspondance*, morte le 8 décembre 1722.

Du premier lit :

1. Philippe, duc de Valois, né le 16 juillet, mort le 8 décembre 1664 ;

2. Marie-Louise, née le 27 mars 1662, et Mademoiselle d'Orléans, unie le 21 août 1679, à Charles II, roi d'Espagne, morte sans hoir le 12 février 1686 ;

3. Anne-Marie, née le 27 août 1669, Mlle de Valois, mariée le 10 avril 1614 au roi de Sicile, puis de Sardaigne, morte le 26 août 1728.

Du deuxième lit :

4. Alexandre-Louis, duc de Valois, né le 2 juin 1675, mort le 16 mars 1676 ;

5. Philippe qui suit ;

6. Elisabeth-Charlotte, née le 13 septembre 1676, Mademoiselle de Chartres, mariée le 13 octobre 1658, au duc de Lorraine, morte le 27 mars 1729.

VI. Philippe de Bourbon, né le 2 août 1674, duc de Chartres, puis d'Orléans, régent de France, mort le 2 décembre 1723. Il épousa le 18 février 1692 Françoise-Marie, Mlle de Blois, légitimée de France, morte le 1er février 1749, ayant eu pour enfants :

1. Louise, qui suit ;

2. Marie-Louise-Elisabeth, Mademoiselle, née le 20 août 1695, mariée le 6 juillet 1710, au duc de Berry, veuve le 4 mai 1714, morte le 21 juillet 1719 ;

3. Louise-Adélaïde, Mademoiselle de Chartres, née le 13 août 1658, abbesse de Chelles, morte le 9 février 1743 ;

4. Charlotte-Aglaé, Mademoiselle de Valois, née le 22 octobre 1700, mariée le 12 février 1720, au duc de Modène, morte le 19 janvier 1761 ;

5. Louise-Elisabeth, Mademoiselle de Montpensier, née le 11 décembre 1705, mariée le 16 novembre 1721 à Louis, prince des Asturies, roi d'Espagne par l'abdication de son père le 15 janvier, veuve sans hoir le 31 août 1724, morte à Paris le 16 juin 1750 ;

6. Philippine-Elisabeth, Mademoiselle de Beaujolais, née le 18 décembre 1715, fiancée le 25 novembre 1722, à l'infant don Carlos, frère du précédent, morte le 21 mars 1734, ayant été renvoyée d'Espagne lors de la rupture du mariage de Louis XV avec l'infante ;

7. Louise-Diane, Mademoiselle de Chartres, née le 27 juin 1716, mariée le 22 janvier 1732, au prince de Conti ; morte le 26 septembre 1736 [1].

VII. Louis de Bourbon, né le 4 août 1709, duc de Chartres, puis d'Orléans, gouverneur du Dauphiné, grand-maître des Ordres de S. Lazare et du Mont-Carmel, colonel général de l'infanterie, chef du conseil d'Etat, chevalier de la Toison d'or, prince religieux et lettré qui mourut à l'abbaye de Sainte-Geneviève dans la pratique de la religion la plus austère et la plus intelligente. Il

---

[1] Le régent eut aussi un fils naturel reconnu, Jean-Philippe, chevalier d'Orléans, né en 1702, grand-prieur de France, général des galères, grand d'Espagne, mort le 16 juin 1748.

avait épousé, le 14 juin 1724, Augustine-Marie-Jeanne, fille du prince de Bade, morte le 8 août 1726, en couches d'une fille morte au berceau. Elle avait eu précédemment un fils qui suit :

VIII. Louis-Philippe de Bourbon, né le 12 mai 1725, duc de Chartres, puis d'Orléans. Elevé avec un grand soin par son père, il devint en 1737, colonel d'un régiment qui reçut son nom et servit constamment avec distinction, depuis 1742 jusqu'en 1757. Il se retira ensuite dans son château de Bagnolet, au milieu d'une cour d'artistes et de lettrés, s'occupant beaucoup d'œuvres charitables. Il mourut le 18 novembre 1771, ayant épousé, le 16 décembre 1743, Louise-Henriette de Bourbon-Conti. Veuf le 9 février 1759, il se remaria secrètement, le 29 avril 1779, avec Charlotte Berraud de la Haye de Rion, veuve du marquis de Montesson, femme d'un esprit éminent, morte le 6 février 1806. Il eut de son premier mariage :

1. Louis-Philippe-Joseph, qui suit ;

2. Louise-Marie-Thérèse-Bathilde, née le 5 juillet 1750, mariée le 24 avril 1770 au duc de Bourbon, morte le 10 janvier 1822.

IX. Louis-Philippe-Joseph de Bourbon, né le 13 avril 1747, duc de Chartres, puis d'Orléans, mort sur l'échafaud révolutionnaire le 6 novembre 1793. Il avait épousé, le 5 avril 1769, Louise-Marie-Adélaïde de Bourbon, fille du duc de Penthièvre, morte le 23 juin 1821, princesse d'une haute vertu et d'une profonde piété. Leurs enfants furent :

1. Louis-Philippe, qui suit ;

2. Antoine-Philippe, duc de Montpensier, né le 9 juillet 1775. Officier dans le régiment de son frère aîné, il se distingua avec lui à Valmy, puis comme adjudant-général à Jemmapes. Il passa à l'armée d'Italie, fut arrêté en 1793, et fut détenu pendant trois ans avec son frère Beaujolais. Il alla avec lui en Amérique, revint en Angleterre et mourut à Twickenham, le 18 mai 1807 ;

3. Alfonse Léodza *alias* Louis-Charles, né le 7 octobre 1779, comte de Beaujolais. Détenu pendant trois ans et demi dans les prisons de Paris et de Marseille avec son frère, il fut déporté aux Etats-Unis avec lui. Atteint d'une maladie de poitrine, il revint en Europe et mourut à Malte, le 30 mai 1808 ;

4. Eugénie-Adélaïde-Louise, née le 28 août 1777, Mlle d'Orléans, puis Mme Adélaïde, morte le 31 décembre 1847.

X. Louis-Philippe de Bourbon, né le 6 octobre 1773, duc de Valois, puis de Chartres, puis d'Orléans, roi des Français, le 9 août 1830, détrôné le 24 février 1848, mort en Angleterre le 26 août 1850. Il avait épousé, le 25 novembre 1805, Marie-Amélie de Bourbon, fille de Ferdinand Ier, roi des Deux-Siciles, princesse dont on connaît les vertus; elle est morte à Claremont, le 24 mars 1866, ayant eu pour enfants les ducs de Chartres (depuis titré duc d'Orléans), de Nemours, d'Aumale, de Montpensier, le prince de Joinville, la reine Louise de Belgique, la princesse Clémentine de Saxe-Cobourg, et la princesse Marie de Wurtemberg.

V. Légitimés de Henri IV.

Henri IV eut plusieurs enfants légitimés.

De Gabrielle d'Estrée, duchesse de Beaufort :

1. Catherine-Henriette, légitimée en mars 1597, mariée en 1619 à Charles de Lorraine, duc d'Elbœuf, morte le 20 juin 1663 ;

2. César, dit Monsieur, né le 9 juin 1594, duc de Vendôme, qui suit ;

3. Alexandre, né en avril 1598, chevalier de Vendôme, grand-prieur de France et général des galères de Malte, mort le 28 février 1629, en prison de Vincennes.

De la marquise de Verneuil :

4. Henri, né en octobre 1601, duc de Verneuil, désigné pour l'évêché de Metz, puis ambassadeur en Angleterre, gouverneur du Languedoc et marié le 25 octobre 1668 à Charlotte Séguier, veuve du duc de Sully, fille du duc de Villemor ; il mourut sans hoir, le 28 mai 1682 ;

5. Gabrielle-Angélique, mariée le 12 décembre 1622, au duc d'Epernon, morte le 24 mars 1627.

De la comtesse de Moret :

6. Antoine, comte de Moret, né en 1607, titulaire des abbayes de Signy, Sévigny, etc. On sait le rôle qu'il joua dans les troubles

civils. Il se fit bravement tuer à l'attaque du Pas-de-Suze le 1ᵉʳ septembre 1692.

De Charlotte des Essarts :

7. Jeanne-Baptiste, légitimée en 1601, abbesse de Fontevrault, morte le 16 janvier 1670 ;

8. Marie-Henriette, abbesse de Chelles, morte le 10 février 1625.

I. César de Bourbon, Monsieur, duc de Vendôme, pair, gouverneur de Bretagne, né en juin 1594, chevalier des Ordres. Il se distingua dans la campagne de 1622 contre les religionnaires ; puis se mêla aux troubles civils, fut arrêté, se retira deux fois à l'étranger. En 1650 il devint surintendant de la navigation, pacifia la Guyenne, battit la flotte espagnole devant Barcelonne, le 1ᵉʳ octobre 1655 ; mort le 22 du même mois. Il avait épousé, en juillet 1605, Françoise de Lorraine, fille du duc de Mercœur, morte en 1665, ayant eu :

1. Louis, qui suit ;

2. François, duc de Beaufort, dont le surnom de roi des Halles résume l'histoire, né le 25 juin 1665, à Candie ;

3. Elisabeth, mariée le 18 juillet 1649, au duc de Nemours-Savoie, tué en duel par le duc de Beaufort, en 1652, morte le 19 mai 1664.

II. Louis de Bourbon, né en 1612, duc de Vendôme. Ce prince donna l'exemple d'une rare fidélité au roi. Il fut vice-roi de Catalogne, gouverneur de Provence et commanda en 1656 l'armée en Italie. Marié le 4 février 1651, à Louise Mancini, nièce de Mazarin, il la perdit le 8 février 1657, entra dans les ordres, devint cardinal en 1667, et mourut le 6 août 1665, ayant eu :

1. Louis-Joseph de Bourbon, né le 1ᵉʳ juillet 1654, duc de Vendôme, l'un des plus grands guerriers de France. Marié le 14 mai 1710 à Marie Anne de Bourbon-Condé, veuve sans hoir le 10 juin 1712, morte le 12 avril 1718.

2. Philippe de Bourbon, grand-prieur de France, mort le 24 janvier 1727.

VI. Légitimés de Louis XIV.

Louis XIV eut plusieurs enfants naturels, qu'il légitima :

De Mlle de La Vallière :

1. Louis, comte de Vermandois, né le 20 octobre 1667, amiral de France, mort en 1683, le 18 novembre ;

2. Marie-Anne, née le 17 octobre 1666, Mlle de Blois, duchesse de la Vallière et de Vaujour, mariée le 16 janvier 1680 au prince de Conti, morte le 9 novembre 1685, sans hoir.

De Mme de Montespan :

3. Louis-Auguste, né le 31 décembre 1670, duc du Maine, pair, prince de Dombes, colonel-général des Suisses, marié le 19 mars 1692 à Louise-Bénédicte de Bourbon-Conti. Le duc mourut le 14 mai 1736, la duchesse le 23 janvier 1753. Ils eurent, outre quatre enfants morts au berceau :

> A. Louis-Auguste, prince de Dombes, chevalier des Ordres, né le 4 mars 1700, pair, colonel-général des Suisses, gouverneur du Languedoc, mort sans alliance le 1er octobre 1855 ;
>
> B. Louis-Charles, comte d'Eu, pair, né le 15 octobre 1701, grand-maître de l'artillerie, gouverneur de Guyenne, chevalier des Ordres, mort sans alliance, le 13 juillet 1775 ;
>
> C. Louise-Françoise, mademoiselle du Maine, née le 4 décembre 1707, morte le 19 août 1743.

4. Louis-César, comte du Vexin, né le 20 juin 1672, abbé de Saint-Denis et de Saint-Germain-des-Prés, mort le 20 janvier 1683 ;

5. Louise-Françoise, Mlle de Nantes, née le 19 septembre 1679, mariée le 24 juillet 1685 au duc de Bourbon, morte en 1742 ;

6. Louise-Marie-Anne, née en janvier 1676, morte le 15 septembre 1680 ;

7. Louis-Alexandre, comte de Toulouse, né le 6 juin 1678, pair, amiral, duc de Penthièvre, marié le 22 février 1721 à Marie-Victoire-Sophie de Noailles, morte en 1711. Il devint grand veneur et chevalier des Ordres, et de la Toison d'or. Ce prince,

qui occupa une place considérée à la cour, fut blessé au siége de Namur, commanda en chef la cavalerie à l'armée de la Meuse en 1703, et gagna la bataille navale de Malaga, où il fut encore blessé le 24 août 1704. Il mourut le 1ᵉʳ juillet 1737, ayant eu :

A. Louis-Jean-Marie de Bourbon, duc de Penthièvre, de Châteauvillain, de Rambouillet, pair, grand amiral, lieutenant-général, chevalier des Ordres et de la Toison d'or, né le 16 novembre 1725, marié le 29 décembre 1744, avec Marie-Thérèse-Félicité d'Este, fille du duc de Modène et de Mᵐᵉ d'Orléans, morte le 30 avril 1754. Ce prince, sage et vertueux, ami de tous ceux qui l'approchaient, mourut paisiblement à Vernon, le 4 mars 1793, ayant eu :

A. Louis-Alexandre-Stanislas-Joseph de Bourbon, prince de Lamballe, né le 6 septembre 1747, grand veneur. Marié le 17 janvier 1767 à Marie-Thérèse-Louise de Savoie-Carignan, veuve sans enfant le 6 mai 1768, surintendante de la maison de la reine, massacrée le 3 septembre 1792 ;

B. Louise-Marie-Adélaïde, née le 19 mars 1758, mariée le 5 avril 1769 au duc d'Orléans, morte le 23 juin 1821.

Angers, Imp. P. Lachèse, Belleuvre et Dolbeau, 1872.